*Dla wszystkich tych, którzy czują potrzebę,
by powrócić wspomnieniami
do czasów swojej młodości.*

poezja młodości poezja młodości poezja młodości
zja młodości poezja młodości poezja młodości poez
poezja młodości poezja młodości poezja młodości
zja młodości poezja młodości poezja młodości poez
poezja młodości poezja młodości poezja młodości
zja młodości poezja młodości poezja młodości poez
poezja młodości poezja młodości poezja młodości
zja młodości poezja młodości poezja młodości poez
poezja młodości poezja młodości poezja młodości
zja młodości poezja młodości poezja młodości poez
poezja młodości poezja młodości poezja młodości
zja młodości poezja młodości poezja młodości poez
poezja młodości poezja młodości poezja młodości
zja młodości poezja młodości poezja młodości poez
poezja młodości poezja młodości poezja młodości
zja młodości poezja młodości poezja młodości poez
poezja młodości poezja młodości poezja młodości
zja młodości poezja młodości poezja młodości poez
poezja młodości poezja młodości poezja młodości
zja młodości poezja młodości poezja młodości poez
poezja młodości poezja młodości poezja młodości
zja młodości poezja młodości poezja młodości poez
poezja młodości poezja młodości poezja młodości
zja młodości poezja młodości poezja młodości poez
poezja młodości poezja młodości poezja młodości
zja młodości poezja młodości poezja młodości poez
poezja młodości poezja młodości poezja młodości
zja młodości poezja młodości poezja młodości poez
poezja młodości poezja młodości poezja młodości
zja młodości poezja młodości poezja młodości poez

młodości poezja młodości poezja młodości poezja m
ści poezja młodości poezja młodości poezja młodoś
młodości poezja młodości poezja młodości poezja m
ści poezja młodości poezja młodości poezja młodoś
młodości poezja młodości poezja młodości poezja m
ści poezja młodości poezja młodości poezja młodoś
młodości poezja młodości poezja młodości poezja m
ści poezja młodości poezja młodości poezja młodoś
młodości poezja młodości poezja młodości poezja m
ści poezja młodości poezja młodości poezja młodoś
młodości poezja młodości poezja młodości poezja m
ści poezja młodości poezja młodości poezja młodoś
młodości poezja młodości poezja młodości poezja m
ści poezja młodości poezja młodości poezja młodoś
młodości poezja młodości poezja młodości poezja m
ści poezja młodości poezja młodości poezja młodoś
młodości poezja młodości poezja młodości poezja m
ści poezja młodości poezja młodości poezja młodoś
młodości poezja młodości poezja młodości poezja m
ści poezja młodości poezja młodości poezja młodoś
młodości poezja młodości poezja młodości poezja m
ści poezja młodości poezja młodości poezja młodoś
młodości poezja młodości poezja młodości poezja m
ści poezja młodości poezja młodości poezja młodoś
młodości poezja młodości poezja młodości poezja m
ści poezja młodości poezja młodości poezja młodoś
młodości poezja młodości poezja młodości poezja m
ści poezja młodości poezja młodości poezja młodoś

2024 Pierwsze wydanie

© Sara Rosa 2024

Skład oraz opracowanie graficzne okładki:
Barbara Owczarek

Facebook: @SaraRosaOficjalna
Youtube: @SaraRosaOfficial

Sara Rosa

POEZJA MŁODOŚCI

SPIS TREŚCI

NIEPOKONANE (IV 2003)

Galopują po stepach
Rumaki nieokiełznane.
Nie wiedzą, co to strach,
Obca jest im niewola.

Żadnych zmartwień czy niepokojów.

Jedynie radość czerpią z życia.
Nozdrza nasycone wolnością,
Grzywa przez wiatr rozwiana,
Kopyta szlachetnie stąpają po ziemi,
Sierść lśni w promieniach słońca.
Mkną w przekonaniu,
Że świat należy do nich...

Cwałują lasem.
Drzewa skłaniają swe korony
Podziwiając ich niewinność.
Ściółka wsłuchuje się w parskanie radosne,
Obserwuje beztroskie harce.
One biegną dalej. Są pewne,
Że nic ich nie powstrzyma...

Gnają po plaży nadmorskiej.
Wiatr smaga piasek naprzeciw,
Masując korpusy niestrudzone.
Krople wody zachęcane przez fale
Orzeźwiają nagrzane ciała.

Pędzą w nieznane strony
Rumaki nieokiełznane,
Niepokonane w swej euforii...

SZEPTY (III 2003)

Struny brzęczą na wietrze
Tęsknię...

Chcę powiedzieć coś
Szlocham...

Nie mogę zdobyć się na odwagę.

Coś mnie powstrzymuje
Żałuję...

Pragnę wykrzyczeć całemu światu.

Słyszę szepty
To bez sensu...
On nie zauważa mojej
Codzienności
Szarości
To bez sensu...

Muszę przestać
Kocham...

POKOCHAŁAM (IV 2003)

Pokochałam jego duszę
Wiecznego romantyka
Nieprzemierzone lądy pokonującego
Pragnącego zawładnąć sztormami przylądków świata
I czerpać ich potęgę.

Pokochałam jego umysł
Poetę wieków
W tajemnych przestworzach błądzącego
Pragnącego cała toń wód zamknąć w dłoniach
I sycić się ich ogromem.

Pokochałam jego ciało
Namiętnego kochanka
Uroki życia podziwiającego
Pragnącego doświadczać prawdziwie szczerego uczucia
I cieszyć się nim po wsze czasy.

Pokochałam Jego
Mężczyznę mojego życia
Wszelkie słabości tolerującego.
Pragnę cieszyć się jego miłością
I razem z nim przemierzać bezmiar błękitnej planety.

ZAZDROŚĆ (IV 2003)

To trudne
Odpierać ataki złowrogie.
Złośliwi śmiertelnicy
Nie zdają sprawy sobie
Jak boli ich kpina.

Jaki to ciężar spada na me barki
kobiece, delikatne, kruche...

Każdy z nich
Nieprzemyślane wypowiada słowa
Wytykając palcami.

To boli.

Oni, pragnąc tego samego, nie widzą
Czym dla mnie są te trujące opary.
Sprawiają wrażenie nieszkodliwych, ulotnych,
Jednak ich cząstki osadzają się na wszystkim:
Ciele, duszy, umyśle
I drążą powoli szczeliny
Powodują łzawienie oczu
Skurcze serca.

To boli.

Jednak muszę wytrzymać.
Oni zapomną. I ja zapomnę.
Czas leczy rany.

PRZERASTA MNIE ICH POTĘGA (IV 2003)

Wysokie szczyty spowite gęstą mgłą
Ponad nimi ultramaryna się rozciąga
U stóp złożone wioski w ofierze
Składają hołd władcom szlachetnym.

Ostre wierzchołki wabią negliżem
Łagodne stoki zachwycają fasonem...

Ileż słów
Ileż wersów
Ileż strof
Można by wyliczać.

Nie zdołam tego zrobić
Nie śmiem...

Ich potęga musi pozostać nietknięta
To dzieło boskie, nie człowiecze
Więc słowa człowiecze tego nie opiszą.

Tak winno zostać. I niech tak zostanie.

FATAMORGANA (IV 2003)

Moje, Twoje, Nasze - nie ważne czyje.
Jesteśmy w nim razem,
Jednak przedzieleni murem niewidzialnym
Nie wiemy o jego istnieniu.
Zapatrzeni w swoją codzienność podążamy naprzód.

Mijamy się na ulicy,
Lecz klapki na oczach zasłaniają przeznaczenie.
Czasem przystaniemy, pomyślimy...
Lecz po chwili kolejna drobnostka zaprząta nam głowę
I znów pędzimy gdzieś w nieznanym celu.

Nie pasujemy tutaj.
My, Młode Orły, chcemy wolności.
Nie możemy dłużej czekać
Aż mur wykruszy się ze starości.
Musimy go zburzyć
Ale... nie wiemy, gdzie jest.
Nie potrafimy go znaleźć.

Jedynym wyjściem jest ucieczka od wszystkiego
Pozostaje nam - ...

ŻYWIOŁY (IV 2003)

Tak, jak zefir chmury gna po lazurowych niebiosach
Tak Ty oddechem swym wodzisz po mym ciele.

Tak, jak mgła poranna osiada na podłożu
Tak Ty pocałunkiem muskasz moje lica.

Tak, jak kaskada obmywa opoki spragnione
Tak Ty dotykiem pieścisz me zmysły.

Żywioły są wieczne i my jesteśmy wieczni.
Razem odkryjemy ich potęgę.

Splecieni w łańcuchu namiętności
Zdobędziemy świat.

Nie rozdzieli nas żadna ziemska siła.

Choćby pustynia ocean pochłonęła
Żar lodowce roztopił
Ogień wodę strawił
Jasność podjęła walkę z ciemnością,
Choćby niebo z ziemią się zeszło...

My będziemy trwać.

W ODWECIE (IV 2003)

Powstań!
Chwyć za broń!
Wokół poległych gruzów osocze,
Lecz Ty żywym organem.

Nie poddawaj się!
Chcąc przetrwać musisz walczyć.
Poproś Zeusa o wsparcie - nie odmówi!

Wypnij pierś mężną
Naprzód!
Wolność ocalałych w Twoich rękach!
Połączcie siły.

Napierajcie na wroga wspólnie.
Do boju!
Zwyciężycie!

SCHYŁEK (IV 2003)

W otchłani ciemnej czekasz na mnie
Pragniesz posiąść moją duszę
Jaskinię stroisz paciorkami;
Wytrwale w swoim przekonaniu
Czekasz...

Zwołujesz armię ostateczną
By sąd rozpocząć.
Dolina kością słoniową napełniona;
W każdej chwili mój zmierzch
Planujesz...

Słońce przysłaniasz szponami
Nicością zatruwasz horyzont
Wijesz sieć pajęczą;
Kiedy już kokon będzie gotowy
Zaatakujesz...

Z niecierpliwością tego oczekujesz
By oczy me mrokiem zaciemnić
Zbliżasz się krokiem dostojnym;
Jednak kiedy nadejdziesz, wiedz że ja
Będę gotowa!

UKOJENIE ZMYSŁÓW (IV 2003)

Nie odchodź! Zostań choć przez chwilę!
Pozwól nacieszyć się Twoją obecnością.

Ona pomaga
Nie myśleć o smutnej rzeczywistości,
Wprowadza
Odrobinę rozkoszy do jaźni mojej,
Daje
Ukojenie duszy rozerwanej na strzępy,
Umacnia
Wiarę ukrytą głęboko w piersi.

Nie odchodź! Pozwól usłyszeć Twój głos!
Zniknie
Zaniepokojenie śmiertelnym światem,
Odnowi się
Chęć realizacji marzeń,
Zagoją się
Rany mistycznych herosów,
Zmaleje
Opuchlizna zgniecionych kości.

Nie odchodź! Zostań choć przez chwilę!

LOT (IV 2003)

Szybujesz w przestworzach
Żaglem myśli sterując
Wspominasz mnie
Z głową w chmurach,
Które
Ponad,
    Wokół,
        W Tobie
Są...

                Nic poza tym nie jest ważne

...i przepuszczają promienie słońca
Naszego
Upragnionego
Wiecznego.
Wkrótce odsłonią jego oblicze
I ukażą nam go w pełni.

OCZEKIWANIE (VI 2003)

Siedem dni- wiecznością spowite
Kolejne- smutkiem obmyte.
W czekaniu zatracona
Milczeniem utęskniona
Wzdycham…

Polarna noc nadchodzi
Nicością się narodzi
Bo w samotności trwając
Do szczęścia się zmuszając
Dumam…

Strwożona serca biciem
Miłości naszej życiem
W obłokach szybując
Ich cień wyłapując
Kocham…

BEZ CIEBIE (XII 2003)

Niczym róża bez płatków
Ale i bez kolców

Niczym słońca promienie
Przysłonięte chmurami

Niczym ptak łowny
Pozbawiony skrzydeł

Niczym wilk w lesie
Schwytany we wnyki

Moje życie...

DROGA MLECZNA (II 2004)

Rzeczywistość zamieniła się w sen,
Z którego nie mogę się obudzić.

Błądzę w nim sama
Nadaremnie Cię szukając.

Ty, po drugiej stronie lustra,
Nie widzisz mego cierpienia.

Wołam, lecz
Ty nie odpowiadasz.

Odchodzisz coraz dalej
W mgłę zapomnienia.

Nie potrafię Cię odnaleźć
I nie potrafię żyć bez Ciebie.

WSPOMNIENIE (~~14~~ II 2004)

Cofnąć się w czasie
Do oddechów wspólnych
Na nadmorskiej plaży
Naszych marzeń.

Dzieliłeś je ze mną
Przez wiele wieczorów
Razem mieliśmy przepłynąć przez sztorm.

Pokonał nas
Bezlitośnie rozdzierając żagle naszych serc.

Wciągnął w bezdenną toń
Nie dając nadziei.

Z czasoprzestrzeni ocalony
Dumnie kroczysz po lądzie
Pragnąc zapomnieć o sztormie.

Ja na tratwie miłości
Przemierzam nieskończone cierpienie
Wierząc, że się kiedyś spotkamy.

CZYMŻE JEST ONA (II 2004)

Natchnieniem jest miłość.
Wznosi skrzydła ku niebu.

Potęgą nieskończoną
Marzeń spełnionych.

Laurem rubinowym
Zdobi swe oblicze.

Życiem wiecznym
Elizejskiej Ziemi.

Najgłębszym strumykiem
Pośród oceanów.

Wszystkim jest.

Ja o tym nie wiem,
Już nie...

KROK NAD PRZEPAŚCIĄ (III 2004)

Nie umiem już walczyć z tą myślą.
Czuję, że ulegam.

Z dnia na dzień coraz słabsza.
Zatracam się w odmienności.

Sznurki marionetki kruszeją.
Kończy się linia życia.

Tylko serce jeszcze wybija ostatnie
Kocham, kocham...

ŻYCIE (IV 2004)

Nie wiem, po co jest.
Jaki jest jego cel.
Dlaczego dręczy nas swymi trudnościami,
Stwarza przeciwności,
Którym nie potrafimy stawić czoła.
Od samego początku
Wprawia nas w nieustanny pęd,
Ucieka,
A my nie potrafimy go zatrzymać, cofnąć.
Pozostają jedynie wspomnienia.
Wspomnienia, które przywołują chwile w nim
spędzone.
Są one pomieszane, pogubione
Jak wytargane z kalendarza kartki rzucane na wiatr.
Wiele z nich jest zapisanych
Lecz są też puste, szare, nic nieznaczące.
Inne pomięte, podeptane, leżą gdzieś w cieniu
Czekając, aż ktoś je podniesie.

Nie wiem, po co jest
Nie zważa na nic
Ciągle zaskakuje czymś nowym,
                    nieznanym,
                    niespodziewanym.
Nie można ustalić jego biegu,
Sterować jak okrętem po spokojnej wodzie...
To byłoby zbyt piękne
A jednak
Większość twierdzi, że jest piękne.

Nie wiem, po co jest
Lecz wiem, ze to ono
Narzuca nam swoje tempo.
Jesteśmy marionetkami w jego rękach.
Czekamy tylko, w którym momencie zerwą się sznurki.

NIEZNANA (IV 2004)

Jakiż to widok wzrok mój przyciąga
Jakiż to zapach zmysły me nęci
Spogląda na mnie ta siła złowroga
Zatracam się w niej całkiem - bez pamięci.

Nie chcę, lecz wodzi mą podświadomością
Zmusza, by wsłuchać się w nawoływanie
Zasłaniam swe oczy szokując bystrością
Zatykam uszy. Dosyć. Niech przestanie.

Nie zniosę dłużej bazyliszka tego
Lustrem zasłaniam nieszczęsne oblicze
Niech zbliży się - pozna bliźniaka swojego
Zamilknie, oślepnie, widząc swe odbicie.

Cisza. Otwieram oczy strachem zamglone.
Pustka. Nabieram w płuca powietrze suche.
Zjawa zniknęła. I myśli me skażone
Odeszły wraz z jej przerażającym duchem.

INNI (V 2004)

Zawsze
        Nigdy

Wytykają
        Nie rozumieją
   Nas
Palcami   *Ludzie.*

Jesteśmy odmieńcami.

Błądzimy   *w swoim świecie*
   myślami
       w swojej rzeczywistości.

Żaden z nich nam nie pomoże.
Oni nie potrafią nas zaakceptować.

Różnimy się
      Kolorem skóry
Sposobem myślenia
      Wyglądem
Zachowaniem...

Cokolwiek ich dziwi,
      Jesteśmy
Inni.

FURIA (III 2004)

Wokół piekło tworzę
    Chociaż kroplą wodym

Chęci wespół z czynem
    Jak jabłko niezgody

Nie chcę zostać tutaj
    Ale odejść z dala

Wznieść się, pójść, odpłynąć
    Byłem nie została

Niech nie cierpią bliscy
    Z winowajstwa mego

Zniknąć, przestać istnieć
    Życia chcę lepszego!

NIE PRZEKREŚLAJ TEGO, CO BYŁO (IV 2004)

Kochałeś – i ja kochałam
Gdy odjeżdżałeś – łzy ocierałam.
Pisałeś mi wiersze o tęsknocie
A ja marzyłam o Twoim powrocie.

Jednak zbyt długie rozstanie
Zmieniło nasze uczucia
I nie pytając o zdanie
Zachwiało powagą życia.

Nasza miłość przetrwała,
Chociaż przez pustkę stłumiona
Swój dawny blask straciła
I stała się osamotniona.

Kiedy do Ciebie wróciłam
Emocje mną dziwne targały
Nie chciałam- wybacz, zraniłam
Przez niewiadome banały.

Niczego nie rozumiałeś
Wolałeś się poddać niż walczyć
Z wszystkiego zrezygnowałeś
Nie dałeś nam drugiej szansy.

Ty smutkiem, ja gniewem wzrastałam
Przez nasze nieszczęsne rozstanie
Ja nie wiem dziś, czego chciałam
… czas pędził nieubłagalnie..

I kiedy całkiem opadły emocje
Znów uwierzyłam w moc naszej miłości
Nie ważne było, kto z nas miał rację
Myślałam, że przerwę tok samotności.

Ja wiem dziś, że Ty nas spisałeś na straty
I boisz się zmienić to postanowienie
Ale nie poddam się teraz bez walki
Bo wierzę, że miłość ta wciąż w Tobie drzemie.

I choć odrzucałeś mnie wiele razy
Gdy oddawałam Ci moje serce
Wiedz, że nie czuję do Ciebie urazy
A w sercu moim nadal jest miejsce.

I ono zaczeka, aż będziesz gotowy
By wszystko przemyśleć i zmienić swe zdanie
I wrócisz myślami do naszej rozmowy
I dasz jeszcze jedną nam szansę, Kochanie.

Tymczasem przyjaźni obliczem mnie wspieraj
Pokrewna duszo wymiaru tajemnego
Choć serce nie sługa – miłość nie wybiera,
Nie rozdzielaj artystów życia naszego…

NIEPOTRZEBNE MI ONE (IV 2004)

Po co mi wzrok
Skoro Ciebie nie mogę oglądać

Po co mi słuch
Skoro słów Twoich nie usłyszę

Po co mi węch
Skoro Tobą nie przesiąknę

Po co mi smak
Skoro Twej słodyczy nie zasmakuję

Po co mi dotyk
Skoro Twoich czułości nie zaznam

Po co mi życie
Skoro nie mogę go dzielić z Tobą...

DO M (V 2004)

Czy potrafisz zatrzymać chwilę
Ulotną, krótką, szczęśliwą
Gdy razem byłaś z niM?

Jedynie wspomnienie zostało,
Które powraca w złym momencie
By wprawić Cię w zadumę
I smutek po tej stracie.

Wspomnienie to piękne
Lecz na cóż ci ono
Skoro nigdy już tego nie zaznasz
W rzeczywistości.

I świat myśli Twojej
Jest tylko dla Ciebie,
Lecz sama w nim musisz trwać
Tak, jak sama na codzień.

ON dumny dziś, niedostępny
Nie chce być z Tobą w tym świecie
By radość Ci sprawiać
Uśmiechem, dotykiem, pocałunkiem.
Wystarczy, że przy Tobie jest
Ale JEGO już nie ma
I nie będzie.

Wszystko już wprawdzie zrobiłaś
By go przy sobie zatrzymać
Lecz ślepa rzeka dalej płynie
I nie odwróci swego biegu,
By Twojemu życiu nadać normalny.

TAK OTO NASTĄPI (V 2004)

Za dużo łez wylanych
By teraz umrzeć z pragnienia
Zbyt wiele nocy nieprzespanych
By dziś stać w letargu zbłądzenia
Czy to wszystko nadaremne?

Ten żar, co kiedyś palił
Dziś zamarza bezpowrotnie
Niczym lód rozsadza serce
Choć iskra mocna, odporna,
Sama niewiele poradzi
Nikt nie chce oliwy dolać
By zbudzić jej silnych braci.

W potoku słów zagubiona
Jak wioski lawą zalane
Wrzeją, topią się, płoną
A ona wygasa
Mrożona strachem, unikiem, oddalaniem..

KONIEC (V 2004)

Wszyscy ją zapewniali,
Że zgubna ta
Wiara, nadzieja, miłość
Jednak ona nie przestawała wierzyć

Czasem radość, często smutek,
Słone lico i zatrzymanie w czasie.
Ona wciąż wierzyła. Tak mijały
Godziny, dni, miesiące
Ona wciąż wierzyła.

Chciała coś zmienić - lub chociaż zatrzymać,
Dać sygnał, by jej nie opuszczał
Bo z nim odejdzie cała
Wiara, nadzieja, miłość
I pozostanie pustka, przepaść bezdenna,
Nieskończona ciemność, wszechpustynia.

On nie chciał słuchać, lecz
Ona wierzyła
W to, co było i czego nie ma
I to, co jest, lecz wkrótce nie będzie
Bo dla wszystkich jest jeden

Koniec.

O AUTORCE

Pisarka, piosenkarka, wszechstronna artystka,
urodzona w smoczym mieście Polski,
Sara Rosa młode lata spędziła z głową w chmurach.

Przechadzając się ze szkicownikiem w ręku,
blisko jej było do natury i żywiołów,
które napawały jej wyobraźnię inspiracją.

Gdy na horyzoncie pojawiła się miłość,
życie nabrało nowego blasku,
jednak iskra bez tlenu przetrwać nie potrafi...

Licealne lata młodej artystki wypełnione były
egzystencjonalno-miłosnymi dylematami,
które upust znalazły w sekretnym pamiętniku.

Tomik tej poezji długo dojrzewał w ukryciu.
Przetrwał on wiele wahań i niepewności,
cierpliwie czekając, aby ujrzeć światło dzienne.

"Poezja młodości" przełamuje pieczęć milczenia
i wyraża świadomą akceptcję wydarzeń z przeszłości,
otwierając się tym samym na nowe możliwości.

Inspiracjo, przybywaj!

poezja młodości poezja młodości poezja młodość
zja młodości poezja młodości poezja młodości poez
poezja młodości poezja młodości poezja młodość
zja młodości poezja młodości poezja młodości poez
poezja młodości poezja młodości poezja młodość
zja młodości poezja młodości poezja młodości poez
poezja młodości poezja młodości poezja młodość
zja młodości poezja młodości poezja młodości poez
poezja młodości poezja młodości poezja młodość
zja młodości poezja młodości poezja młodości poez
poezja młodości poezja młodości poezja młodość
zja młodości poezja młodości poezja młodości poez
poezja młodości poezja młodości poezja młodość
zja młodości poezja młodości poezja młodości poez
poezja młodości poezja młodości poezja młodość
zja młodości poezja młodości poezja młodości poez
poezja młodości poezja młodości poezja młodość
zja młodości poezja młodości poezja młodości poez
poezja młodości poezja młodości poezja młodość
zja młodości poezja młodości poezja młodości poez
poezja młodości poezja młodości poezja młodość
zja młodości poezja młodości poezja młodości poez
poezja młodości poezja młodości poezja młodość
zja młodości poezja młodości poezja młodości poez
poezja młodości poezja młodości poezja młodość
zja młodości poezja młodości poezja młodości poez
poezja młodości poezja młodości poezja młodość
zja młodości poezja młodości poezja młodości poez
poezja młodości poezja młodości poezja młodość
zja młodości poezja młodości poezja młodości poez

młodości poezja młodości poezja młodości poezja m
ści poezja młodości poezja młodości poezja młodos
młodości poezja młodości poezja młodości poezja m
ści poezja młodości poezja młodości poezja młodos
młodości poezja młodości poezja młodości poezja m
ści poezja młodości poezja młodości poezja młodos
młodości poezja młodości poezja młodości poezja m
ści poezja młodości poezja młodości poezja młodos
młodości poezja młodości poezja młodości poezja m
ści poezja młodości poezja młodości poezja młodos
młodości poezja młodości poezja młodości poezja m
ści poezja młodości poezja młodości poezja młodos
młodości poezja młodości poezja młodości poezja m
ści poezja młodości poezja młodości poezja młodos
młodości poezja młodości poezja młodości poezja m
ści poezja młodości poezja młodości poezja młodos
młodości poezja młodości poezja młodości poezja m
ści poezja młodości poezja młodości poezja młodos
młodości poezja młodości poezja młodości poezja m
ści poezja młodości poezja młodości poezja młodos
młodości poezja młodości poezja młodości poezja m
ści poezja młodości poezja młodości poezja młodos
młodości poezja młodości poezja młodości poezja m
ści poezja młodości poezja młodości poezja młodos
młodości poezja młodości poezja młodości poezja m
ści poezja młodości poezja młodości poezja młodos
młodości poezja młodości poezja młodości poezja m
ści poezja młodości poezja młodości poezja młodos
młodości poezja młodości poezja młodości poezja m
ści poezja młodości poezja młodości poezja młodos

Printed in Great Britain
by Amazon

37163356R00030